Left to Right

Bond Point

牛
niú

cow

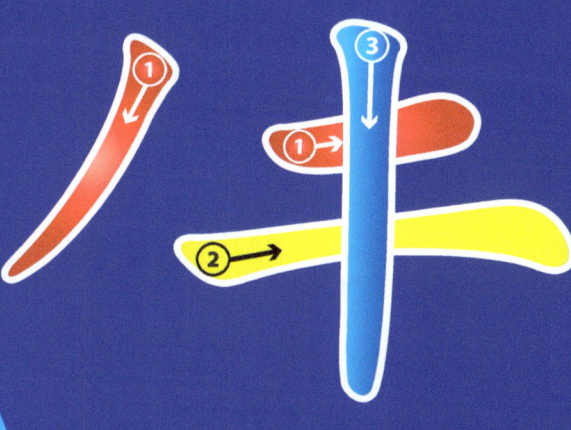

Left to Right

叶子
yè zi

leaf

椰子
yē zi

coconut

Left to Right

Top to Bottom

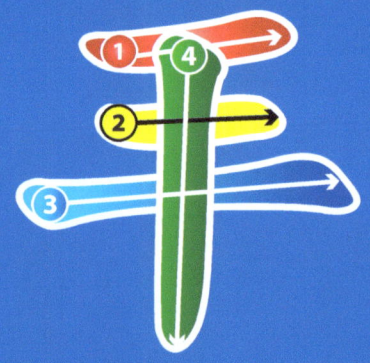

羊
yáng

goat

Top to Bottom

弓
gōng

bow

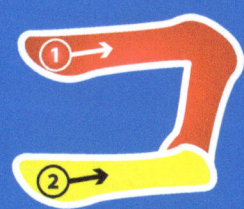

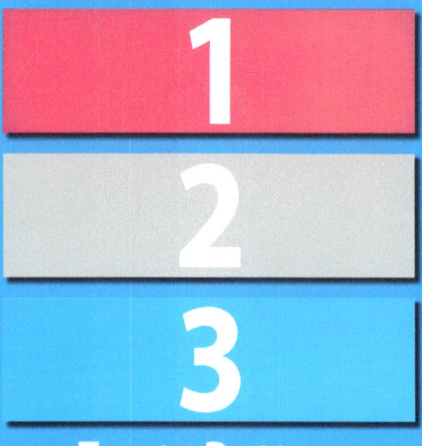

Top to Bottom

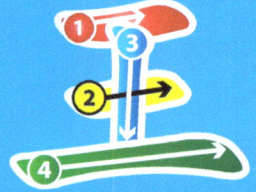

瓶盖
píng gài

bottle cap

鱼
yú

fish

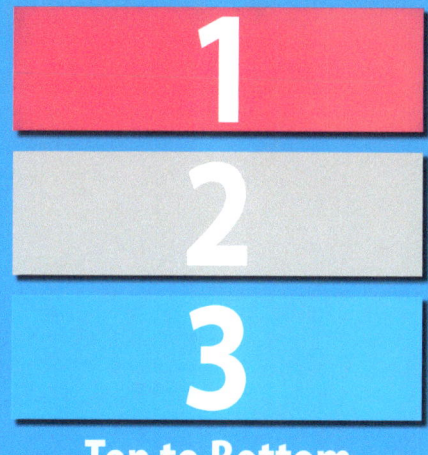

Top to Bottom

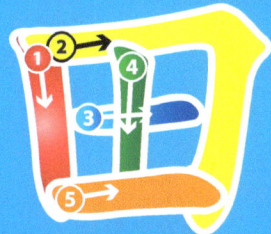

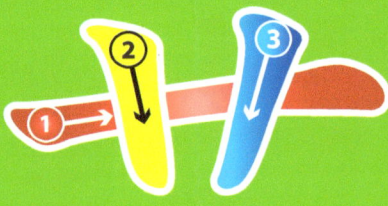
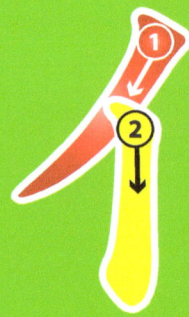

花
huā

flower

8

书架
shū jià

book shelf

猫
māo

cat

胡子
hú zi

beard

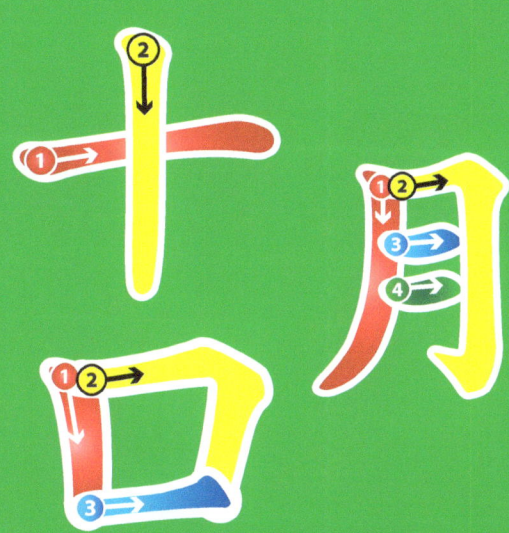

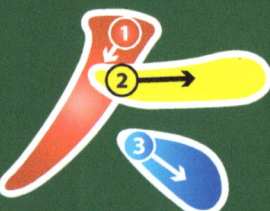

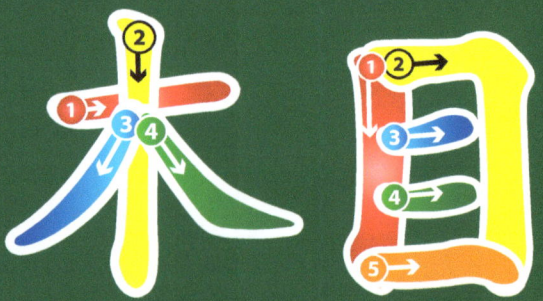

箱子
xiāng zi

chest

竹子
zhú zi

bamboo

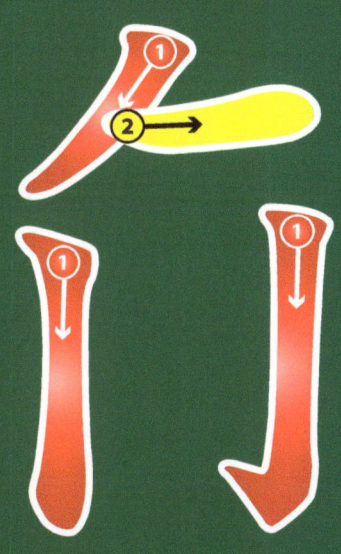

Middle First

小
xiǎo

small

Middle, Left then Right

水
shuǐ

water

Middle Last

火
huǒ

fire

Left, Right, then Middle

坐
zuò

to sit

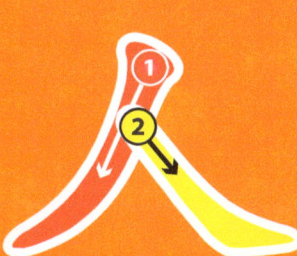
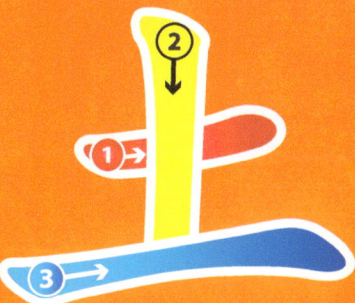

Dot First

门
mén

door

Dots First

头
tóu

head

Dot Last

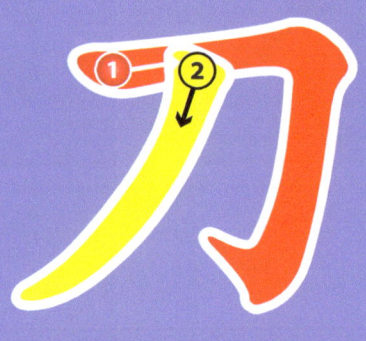

刀刃
dāo rèn

knife blade

Dot Last

叉子
chā zi

fork

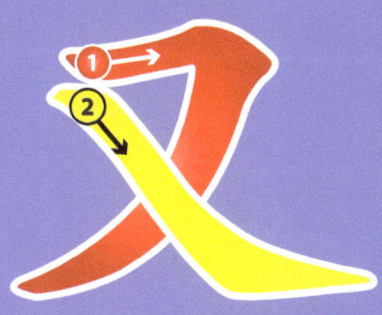

Dot Last

书
shū

book

Dots Last

fēi

to fly

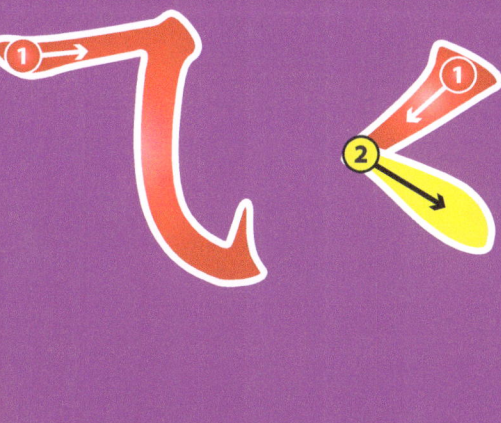

Dot Last

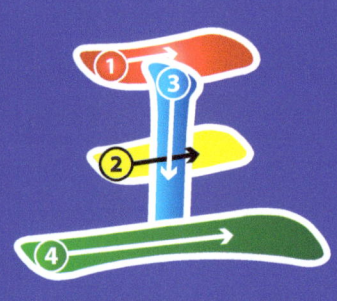

玉
yù

jade

24

Dot Last

太阳
tài yáng

sun

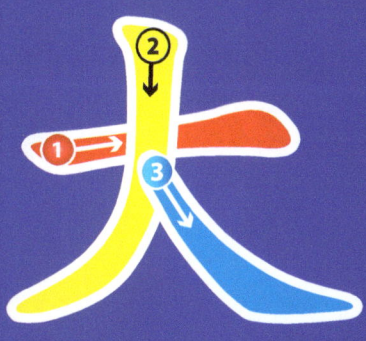

Flag Pole First

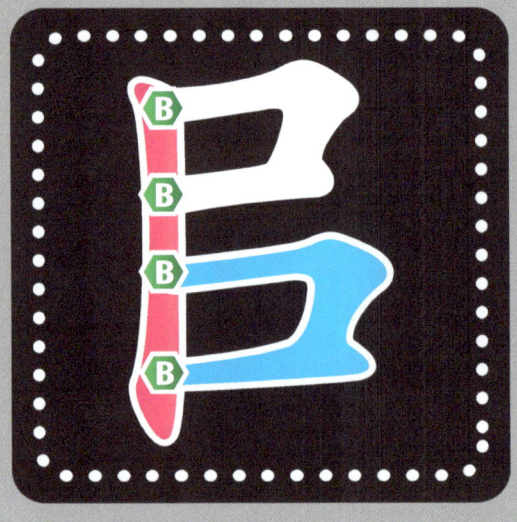

吸管
xī guǎn

drinking straw

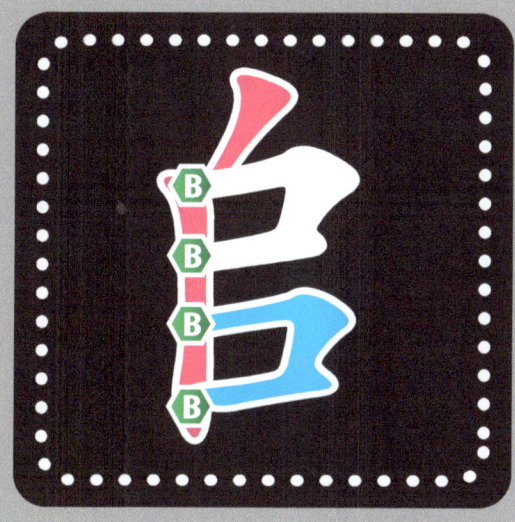

Flat Pole First

追
zhuī
to chase

27

**Flipped-C First
Flag Pole Last**

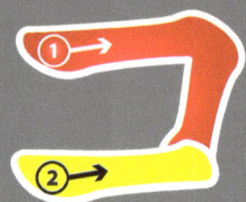

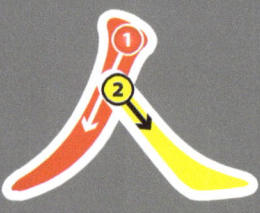

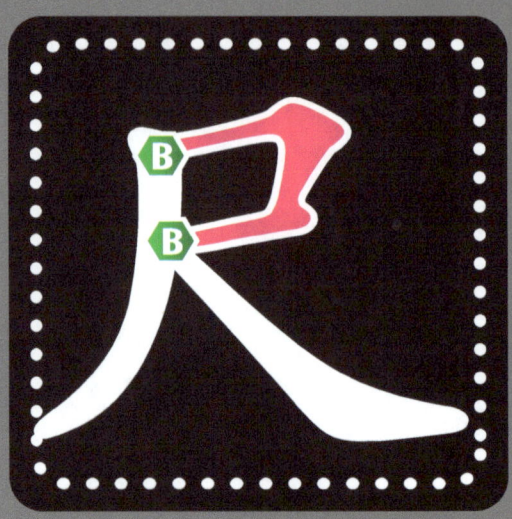

尺
chǐ

ruler

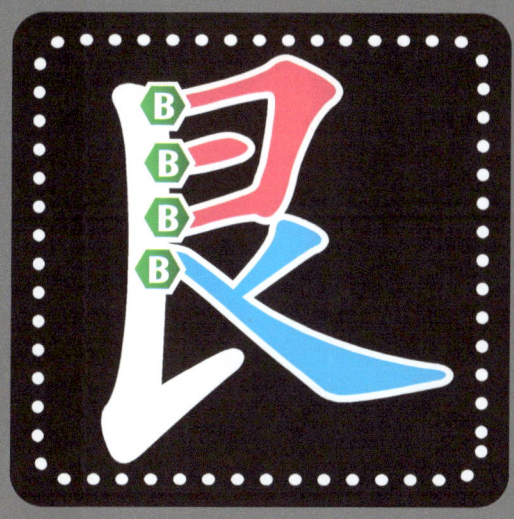
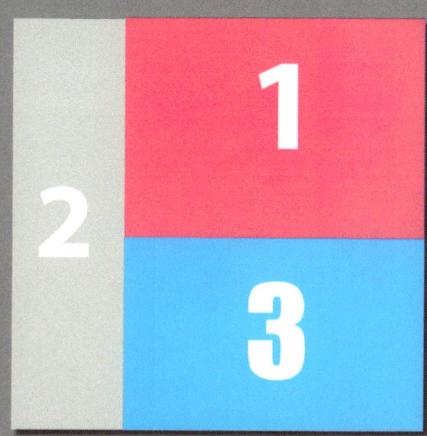

根
gēn

roots

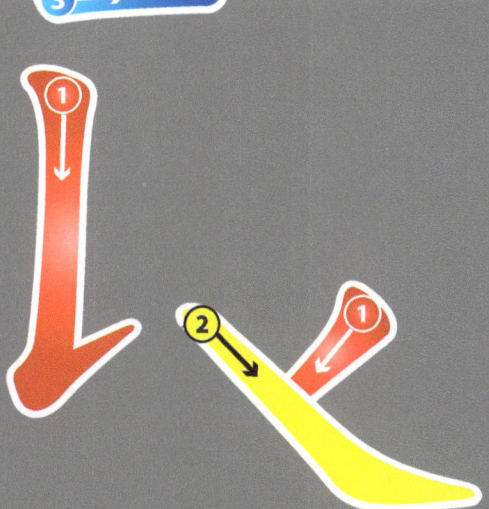

7-Frame First

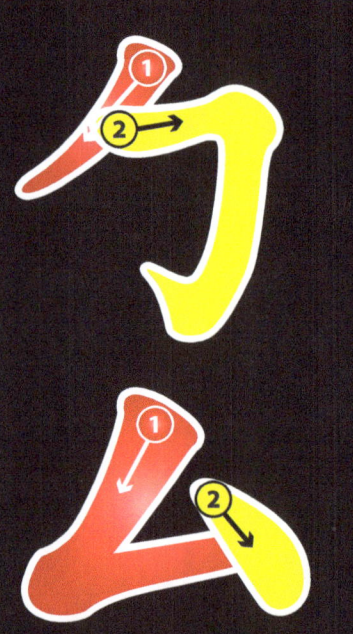

勾 gōu

tick

7-Frame First

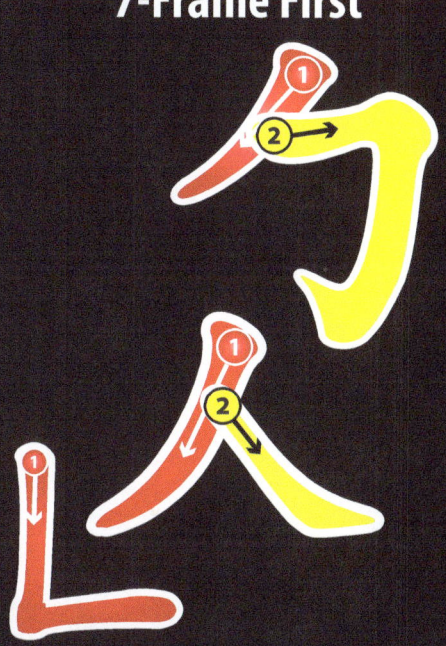

喝水
hē shuǐ

to drink water

Flipped-7 Frame First

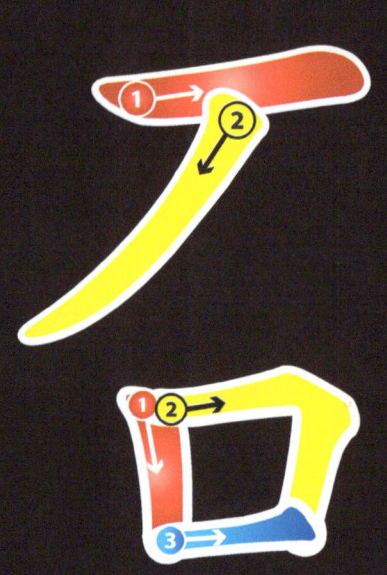

石头
shí tou

stone

Flipped-7 Frame First

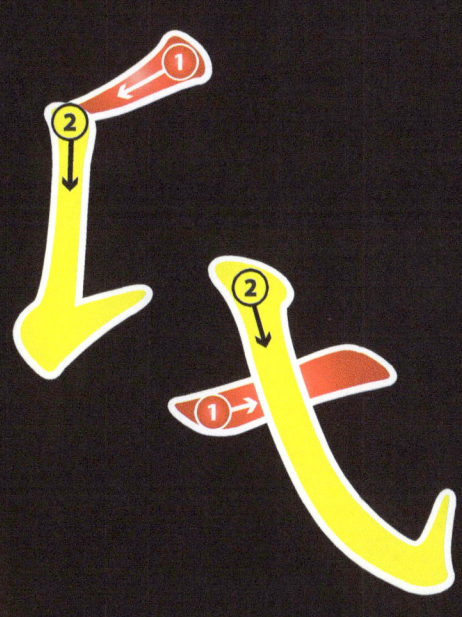

纸
zhǐ

paper

L-Frame First

处罚
chǔ fá
to punish

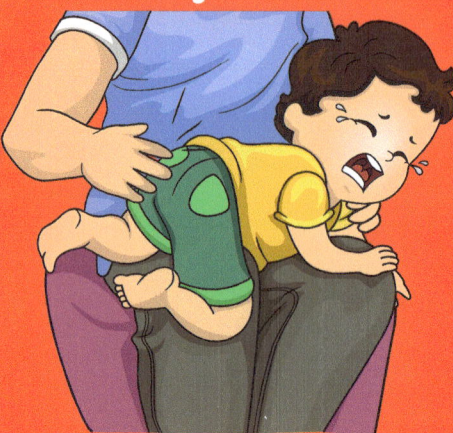

L-Frame Last

进入
jìn rù

to enter

n-Frame First

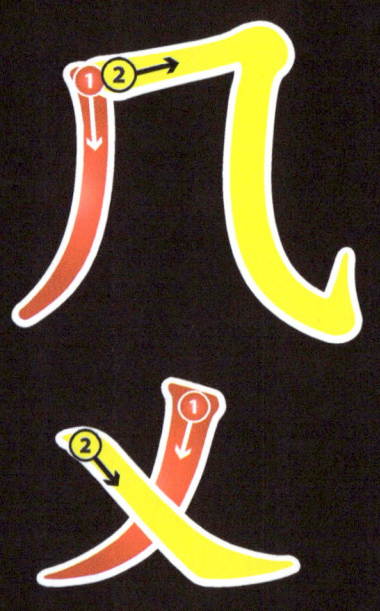

风
fēng

wind

U-Frame Last

xiōng

fierce

Outside (Top), Inside, Outside (Right)

可乐
kě lè

cola

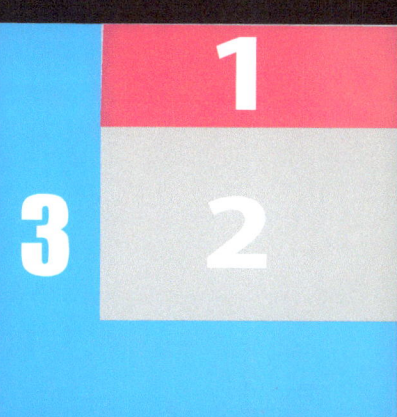

Outside (Top),
Inside,
Outside (L-Frame)

框
kuàng

frame

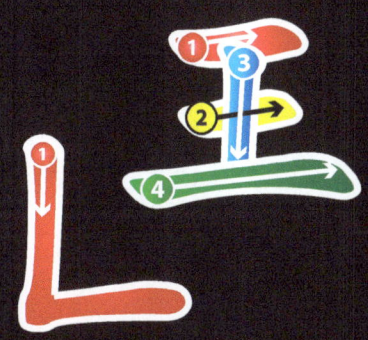

**Outside (Top-Left),
Inside,
Outside (Right)
Dot**

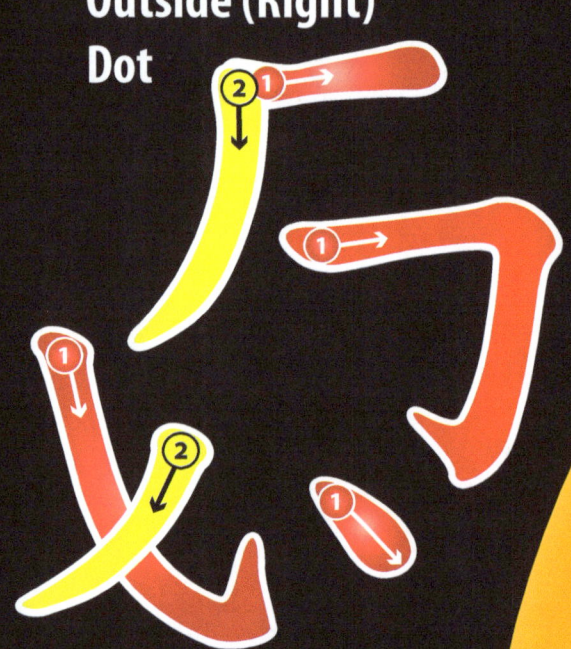

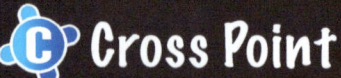 Cross Point

成绩
chéng jì

results

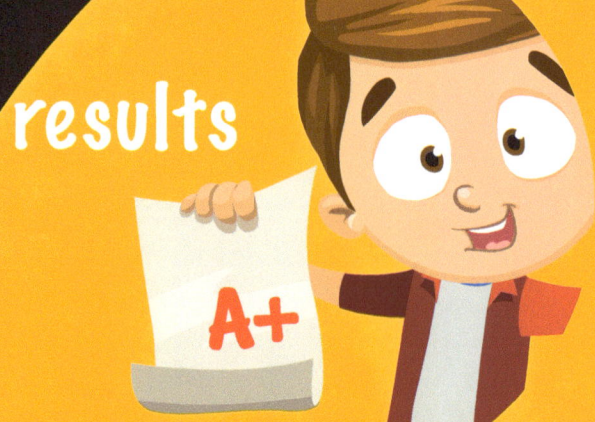

Outside (Top),
Inside,
Outside (Right)
Dot

栽种
zāi zhòng

to plant

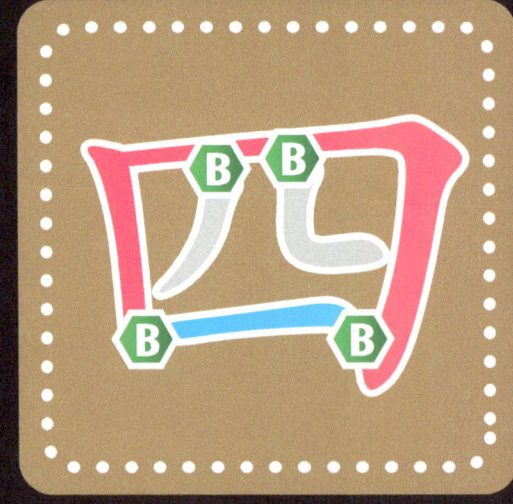

四
sì

four

www.ingramcontent.com/pod-product-compliance
Lightning Source LLC
Chambersburg PA
CBHW041406010526
44107CB00015B/1092